Georgios Papoutsis

Gestão dos recursos e implementação do ERP nas forças armadas

Georgios Papoutsis

Gestão dos recursos e implementação do ERP nas forças armadas

ScienciaScripts

Imprint

Cover image: www.ingimage.com

This book is a translation from the original published under ISBN 978-3-659-86223-6.

Publisher:
Sciencia Scripts
is a trademark of
Dodo Books Indian Ocean Ltd. and OmniScriptum S.R.L publishing group

120 High Road, East Finchley, London, N2 9ED, United Kingdom
Str. Armeneasca 28/1, office 1, Chisinau MD-2012, Republic of Moldova, Europe
Printed at: see last page
ISBN: 978-620-8-35348-3

Conteúdo

Resumo

Esta dissertação foi elaborada no âmbito do Mestrado em Gestão da Universidade Helénica Internacional.

Este estudo tem como objetivo investigar a utilização do ERP no exército, como uma ferramenta para melhorar as funções internas e externas. A originalidade do tema está relacionada com a falta de pessoal especializado, principalmente na Grécia, na utilização de sistemas de TI nas forças armadas e, em especial, no programa considerado, para o qual a literatura grega não fornece informações adequadas, em contraste com a literatura estrangeira, onde houve várias tentativas de avaliar o significado das novas tecnologias no processo de desenvolvimento de um exército competitivo e bem estruturado.

O objetivo desta dissertação é realçar a importância da utilização de um sistema ERP pelo exército e responder à questão-chave de saber se o conhecimento comum das empresas no sector da logística e especialmente o ERP pode ser partilhado e adaptado pelas organizações militares, depois de ter em conta que não existem estanques entre o ambiente militar e o ambiente empresarial, e que as práticas comuns das organizações militares são amplamente utilizadas no mundo empresarial e vice-versa.

Espera-se que as conclusões a que se chegará contribuam para a melhoria dos actuais métodos e práticas utilizados pelas Forças Armadas gregas.

Introdução

A diversidade e a multiplicidade das operações militares requerem a capacidade de planear e desenvolver operações bem estruturadas de logística. As operações militares devem basear-se em métodos modernos de TI, recorrendo a programas operacionais competitivos e bem estruturados, como o ERP. O objetivo da utilização destes programas é a disponibilização focalizada, em termos de tempo e lugar, dos materiais e ferramentas necessários (Koutsioukis, 2014, p.56).

Antes de prosseguir com o desenvolvimento das secções introdutórias do presente estudo, apresenta-se em seguida uma definição concetual abrangente para uma melhor compreensão do termo ERP.

Em particular, um sistema ERP é uma sequência de pacotes de aplicações diretamente realizáveis que abrangem todas as funções de uma organização e fornecem soluções informáticas integradas para a gestão e o planeamento eficientes dos recursos, permitindo que a organização trabalhe em conjunto como um todo, orientada pelas informações recebidas do ambiente (Hossain et al., 2002).

O autor deste artigo centrou-se no estudo deste tema específico e inovador, que se refere à utilização do ERP no exército, como uma ferramenta para melhorar as funções internas e externas. A originalidade do tema, especialmente na Grécia, está relacionada com a falta de pessoal especializado na utilização de sistemas de TI nas forças armadas e, especialmente, no programa considerado, para o qual a literatura grega não fornece informações adequadas, em contraste com a literatura estrangeira, onde houve várias tentativas de avaliar o significado das novas tecnologias no processo de desenvolvimento de um exército competitivo e bem estruturado.

Com base no exposto, compreende-se que o objetivo deste artigo é clarificar e realçar a importância da utilização de um sistema ERP pelo exército, no que diz respeito às suas funções, à sua estrutura organizacional, à filosofia mais ampla que permeia o exército e, finalmente, em relação ao melhor funcionamento dos recursos humanos das forças armadas.

A importância desta tese prende-se com o facto de a forma do exército estar hoje em dia a mudar numa base global. Mais concretamente, o exército está a ser modernizado a todos os níveis de estrutura e funcionamento, com oficiais mais competitivos e bem pensantes, através dos quais o principal objetivo é proporcionar uma abordagem diferente ao seu funcionamento a nível de organização, funções administrativas, gestão de sistemas de informação, gestão de inventário, melhoria das condições internas, etc. Na Grécia, as coisas ainda estão a evoluir, o que levou o autor a estudar este sistema de informação em particular, o seu funcionamento e, mais especificamente, se pode ter uma aplicação substancial no exército grego. Este documento estudou ainda a função mais alargada do ERP no exército, com o objetivo de fornecer uma série de recomendações de melhorias após a conclusão do estudo.

Nos últimos anos, a Grécia tem envidado esforços no sentido de implementar programas como o ERP, mas devido à crise económica, ao ambiente externo competitivo, à falta de pessoal qualificado e à falta de conhecimentos em geral, continuam a existir alguns problemas fundamentais na sua implementação.

Este estudo tentou abordar todas estas questões utilizando dois métodos de avaliação. Por um lado, este estudo procurou abordar o tema em investigação através da revisão da literatura grega e estrangeira, a fim de determinar: (a) o conteúdo concetual do ERP, (b) as utilizações do ERP e a forma como são desenvolvidas e implementadas no exército moderno, (c) a sua associação com outros programas de TI, (d) e, de um modo geral, a necessidade de programas como o ERP no funcionamento moderno do exército grego e, por outro lado, este é também um estudo de investigação, uma vez que o autor realizou entrevistas com o objetivo de melhor esclarecer o tema em análise.

Para que se possa compreender ainda melhor a questão e, principalmente, as razões que levaram ao desenvolvimento deste estudo através dos capítulos que se seguem, houve um esforço para relacionar cada capítulo do estudo com os objectivos do trabalho, de modo a mostrar que tudo se baseou numa determinada lógica e, finalmente, provar que, através dessa lógica, o objetivo principal deste trabalho foi efetivamente respondido.

Como já foi referido, o objetivo deste estudo era esclarecer a importância da utilização do ERP pelo exército grego e clarificar a sua aplicação e funcionamento mais alargado.

Tendo em conta o que precede, a estrutura do presente estudo é a seguinte.

O primeiro capítulo é uma secção introdutória destinada a dar ao leitor uma visão mais ampla do que é o programa que o autor decidiu analisar e, principalmente, a avaliar a sua implementação mais ampla no processo organizacional e de gestão das operações do exército grego.

Este capítulo é composto por dez secções que abrangem a evolução histórica do programa ERP, as suas funções, aplicações, utilização, significado, caraterísticas, utilização operacional e as suas associações com outros programas relevantes, como o MRP, a fim de proporcionar uma visão geral do que este programa oferece.

O segundo capítulo é um capítulo igualmente importante em relação ao objetivo do estudo. Centrou-se na apresentação de um quadro mais amplo em relação à utilização e ao desenvolvimento do ERP no sector privado e, mais especificamente, nas empresas em termos do seu desenvolvimento organizacional e funcional.

Este capítulo procurou responder ao objetivo do estudo que se refere à clarificação da utilização do ERP através de uma comparação da sua utilização no mundo empresarial, uma vez que o ERP foi inicialmente implementado e utilizado por empresas no mercado, enquanto que ao longo dos anos encontrou o seu caminho no sector público, e mesmo em ambientes especiais como as forças armadas.

O terceiro capítulo funciona como um guia para a parte de investigação do estudo. Neste capítulo, definiu-se a população da investigação, determinou-se a amostra final da investigação, e também foram fornecidas informações sobre o processo de amostragem, o método de análise utilizado e, por fim, forneceu-se uma visão mais ampla do processo de investigação e do objetivo do estudo. O autor utilizou o método das entrevistas como instrumento de investigação, com o objetivo de obter dados essencialmente qualitativos que conduzissem a conclusões fiáveis.

Através deste trabalho de investigação e em combinação com a teoria, o autor chegou aos resultados finais da investigação no quarto capítulo e retirou, no quinto capítulo, conclusões e recomendações úteis para uma utilização melhor, mais competitiva e mais eficaz do programa ERP pelas forças armadas gregas.

Capítulo 1. Sistemas de planeamento de recursos empresariais (ERP)

"Não há nada tão comum como encontrar considerações sobre o abastecimento que afectam as linhas estratégicas de uma campanha e de uma guerra".

Karl Von Clausewitz, Sobre a Guerra, 1832.

1.1. Abordagem histórica dos sistemas ERP

Na década de 1960, as organizações internacionais concentraram a sua atenção no apoio informático às suas funções complexas. Especificamente, foram desenvolvidos pacotes de informação informática especializados, envolvidos na assistência a processos-chave da gestão financeira, como a contabilidade e a folha de pagamentos, bem como aplicações "técnicas" especializadas, que facilitavam a implementação de métodos analíticos (Gkagiali, 2008).

No final da década de 1960 e início da década de 1970, foram introduzidos os sistemas MRP (Planeamento das Necessidades de Materiais), que apresentavam um certo grau de integração, uma vez que podiam apresentar o Plano Diretor de Produção dos produtos acabados em tempo útil, distribuindo as necessidades de produção de subconjuntos e componentes e as necessidades de fornecimento de matérias-primas (Drexl & Kimms, 2013).

Com a introdução do MRP-II (Manufacturing Resources Planning) no final da década de 1970, o sistema MRP ligou os circuitos do planeamento da produção, do controlo da produção, da contabilidade analítica e do aprovisionamento (Fawcett, Ellram & Ogden, 2014).

No início da década de 1980, foi iniciado um esforço de investigação para a integração empresarial, que utilizou as bases de dados como suporte tecnológico e tentou unificar os principais processos empresariais com prioridade para o circuito de gestão financeira e o circuito de produção. O resultado deste esforço foi o aparecimento dos sistemas de Planeamento de Recursos Empresariais no final dos anos 80, que integravam, para além do circuito da Gestão Financeira e da Produção, outros processos-chave do negócio, como a Gestão de Recursos Humanos, o circuito das

Vendas, etc. (Madapusi, & D'Souza, 2012).

Por conseguinte, os sistemas ERP são sistemas informáticos de informação integrados, que abrangem todas as áreas funcionais de uma empresa para atingir os seus objectivos através da integração de todos os processos (ver Figura 1.1 e Figura 1.2).

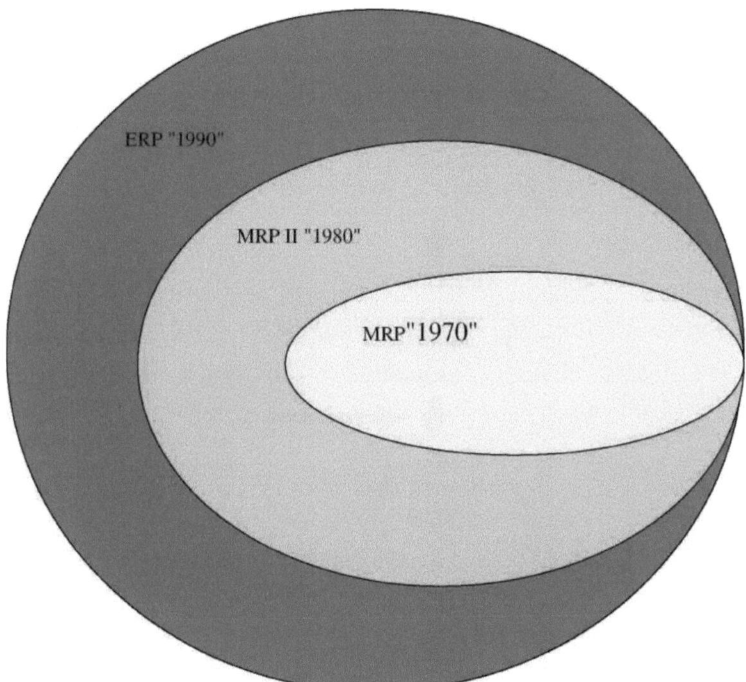

Figura 1.1 - Evolução histórica dos sistemas ERP
Fonte: Staehr, L., Shanks, G., & Seddon, P. B. (2012).

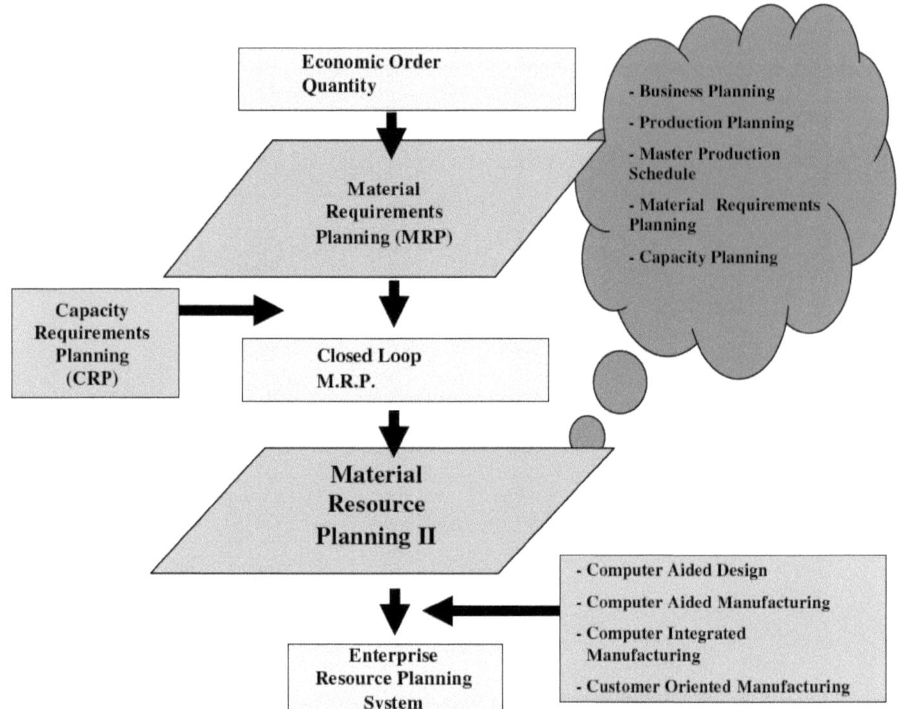

Figura 1.2- O desenvolvimento de Sistemas de TI
Fonte: Madapusi, A., & D'Souza, D. (2012).

1.2. Análise dos sistemas ERP

Os sistemas ERP são sistemas informáticos integrados que gerem e coordenam todas as funções e processos que ocorrem numa organização e todos os tipos de recursos (financeiros, humanos, etc.) necessários para os executar (Sommer, 2011).

O termo ERP vem das iniciais das palavras inglesas Enterprise Resource Planning. Um sistema ERP é uma sequência de pacotes de aplicações diretamente realizáveis que cobrem muitas funções empresariais e têm a dinâmica necessária para serem adaptados aos requisitos e mudanças que ocorrem no mesmo (Staehr, Shanks & Seddon, 2012).

Os sistemas ERP fornecem soluções informáticas integradas para uma melhor e mais eficiente gestão e planeamento de recursos, ao mesmo tempo que dão a oportunidade a uma organização de trabalhar em conjunto como um todo, impulsionada pela informação que recebe do ambiente. Os objectivos dos sistemas ERP referem-se às seguintes áreas (Aslan, Stevenson & Hendry, 2015):

(a) melhorar a qualidade dos produtos e serviços fornecidos,

(b) redução de custos numa variedade de operações da cadeia de abastecimento,

(c) utilização de bases de dados e integração de outros processos da organização,

(d) melhor serviço ao cliente, eficácia ao nível da coordenação das várias acções desenvolvidas numa organização, como a procura, a produção, a oferta e, por fim, o sistema ERP ajuda na gestão optimizada dos stocks.

1.3. Caraterísticas dos sistemas ERP

O investimento para a introdução de um sistema informático nos processos de uma organização é grande. A maioria dos sistemas ERP são inerentemente genéricos. Em grande parte, sugerem procedimentos resultantes da experiência empresarial em que foram instalados. As empresas promotoras dos sistemas ERP aplicam procedimentos através das suas práticas-modelo, que estão integradas nos seus sistemas, a clientes e fornecedores à escala europeia e mundial (procedimentos harmonizados, uma base de informação). As empresas de promoção também definem normas sectoriais, como o Baan para a indústria aeroespacial, o SAP para a indústria do petróleo e do gás, etc. (Aslan, Stevenson & Hendry, 2015).

A implementação de sistemas ERP é o resultado de um compromisso entre a forma como a empresa pretende funcionar e a forma como o sistema lhe permite funcionar. A implementação de sistemas impõe mudanças em toda a empresa e exige grandes investimentos em software, equipamento, custos de implantação direta e formação dos utilizadores.

A introdução do sistema ERP constitui uma oportunidade para a reformulação radical dos procedimentos efectivos existentes. Normalmente, não são desejáveis alterações após a implementação do sistema. A implementação dos sistemas ERP requer a participação de especialistas em ERP e em questões de gestão. O custo da reformulação é normalmente muito elevado e, por esta razão, a direção da empresa tende a evitá-lo.

Os sistemas ERP devem basear-se em dados absolutamente exactos. Devido à sua lógica integrada, se alguém introduzir informações incorrectas, estas são transmitidas a toda a empresa como um dominó. É prioritário dar formação aos utilizadores sobre a integridade e a exatidão dos dados. O ambiente de trabalho dos sistemas ERP modernos está muito próximo do ambiente Windows e, por conseguinte, não apresenta dificuldades particulares para os utilizadores que estão habituados a aplicações Windows (Koutsiouki, 2014).

As áreas operacionais que podem ser cobertas por um sistema ERP são bastante extensas, permitindo assim a informatização de praticamente todos os processos de uma organização. No entanto, é muito raro que uma empresa escolha e implemente todas as aplicações que um sistema ERP oferece. Um dos factores de insucesso mais importantes destes sistemas é a incapacidade de selecionar as aplicações adequadas a implementar na empresa, na medida em que a própria empresa será capaz de as operar e suportar (Wei & Ma, 2014).

A maioria das organizações públicas gregas, incluindo as Forças Armadas, instalou as aplicações básicas dos sistemas ERP, nomeadamente a gestão contabilística e financeira, a aplicação comercial, a gestão de materiais e o apoio às aquisições e a funcionalidade básica do planeamento e controlo da produção. As organizações normalmente atrevem-se a expandir a funcionalidade instalada após um período de tempo adequado, o que lhes permite familiarizarem-se com o sistema de TI e garante a possibilidade de adotar novas práticas, embora raramente instalem todo o conjunto de funções (ver Figura 1.3) (Koutsiouki, 2014).

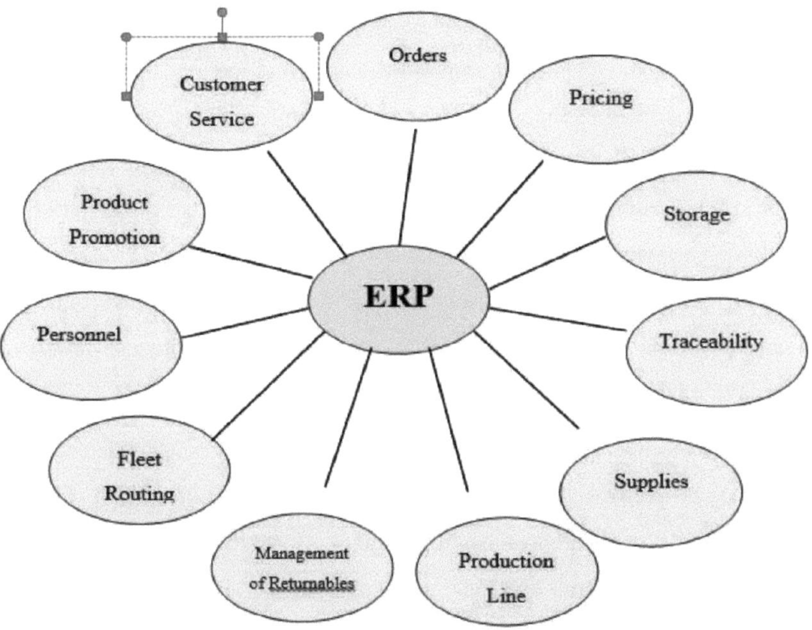

Figura 1.3-As funções do sistema ERP.

Fonte: Koutsiouki, N. (2014).

1.4. A utilização da gestão da cadeia de abastecimento

A cadeia de abastecimento das empresas é uma rede de unidades empresariais autónomas e semi-autónomas que produzem bens e serviços físicos para os consumidores através de diferentes processos e actividades empresariais. Desta forma, as empresas são capazes de acrescentar valor ao consumidor. Além disso, a gestão da cadeia de abastecimento tem a ver com a integração de materiais e informações e o seu fluxo (Dyckhoff, Lackes & Reese, 2013) .

Empresas como a IKEA têm um grande número de fornecedores que pode chegar aos milhares. Isto significa que alguém tem de monitorizar e coordenar as acções da cadeia de abastecimento e distribuição da empresa, o que pode ser feito através da gestão da cadeia de abastecimento. Este processo tem a ver com vendas, operações, gestão de materiais, gestão da qualidade total, distribuição de produtos acabados, transporte e planeamento com base na procura e na oferta e, nas grandes empresas, isso significa alguns milhares de parceiros - fornecedores (Hellstrom & Nilsson, 2011).

Consequentemente, deve haver um sistema de gestão integrado que possa criar uma cadeia de abastecimento que traga à empresa vantagens competitivas consideráveis que afectarão toda a estratégia empresarial. Por exemplo, informações como a capacidade de receber os materiais necessários nos prazos de entrega previstos e, ao mesmo tempo, de encontrar fornecedores com custos baixos podem ajudar a empresa a tornar-se muito competitiva e, certamente, afectam também as suas outras operações. É claro que, para o conseguir, foram desenvolvidos sistemas e práticas adequados para permitir que as empresas façam uma gestão flexível da cadeia e possam obter vantagens competitivas desta forma (Hellstrom & Nilsson, 2011).

Um estudo de investigação conduzido pelo Council of Logistics Management (CLM) mostrou que as práticas logísticas das grandes empresas mudaram da função burocrática que as caracterizava há alguns anos atrás, tendendo a tornar-se uma operação empresarial interna que pode dar a máxima satisfação ao consumidor. Os resultados desta investigação mostraram que as empresas mais bem sucedidas tendem a utilizar a gestão da sua cadeia de abastecimento como uma arma estratégica para obterem vantagens competitivas e tornarem-se competitivas. As empresas tentam acrescentar valor aos seus bens e apoiar os seus objectivos com a ajuda da logística. Além disso, as empresas conceberam planos estratégicos para a sua logística e têm planos oficiais em vigor para a sua estratégia logística em combinação com a sua estratégia empresarial geral (Simchi-Levi, Chen & Bramel, 2013).

Um estudo da KPMG International Cooperative mostrou que o maior valor estratégico para as empresas de retalho é a conceção e a execução das estratégias logísticas oficiais.

O mesmo autor afirma que a gestão correta da logística é importante para todas as empresas, de modo a tornarem-se competitivas (Srabotic & Ruzzier, 2012).

As estratégias logísticas devem ser integradas com a produção, o marketing e a estratégia geral da empresa. A integração da logística com outros departamentos da empresa permitir-lhes-á obter uma vantagem competitiva sobre os seus concorrentes. Além disso, a integração estratégica da logística com outras actividades permitirá reduzir os custos e melhorar a qualidade dos serviços que a empresa presta aos seus clientes (Rantasila & Ojala, 2012).

As tecnologias da informação e os sistemas de informação desempenham um papel significativo na melhoria da flexibilidade da cadeia de abastecimento de uma empresa. Os sistemas de TI devem estar no centro da cadeia de abastecimento e devem ser a função que ajudará a empresa a consolidar estrategicamente o departamento de logística com os departamentos de produção e marketing, a fim de alcançar uma vantagem competitiva (Quinn, Doorley & Paquette, 2013).

Quinn, Doorley & Paquette (2013) classificaram a tecnologia logística em duas categorias básicas. Em particular, há o software para aqueles que tomam as decisões estratégicas e o software para integrar um departamento com outros departamentos.

Outra forma de estratégia de desenvolvimento adequada é a externalização. As razões que levam as empresas a subcontratar a gestão contabilística a empresas terceiras têm a ver com o facto de existirem empresas com grande experiência no planeamento estratégico para a gestão da cadeia de abastecimento, a sua experiência em sistemas JIT, a sua elevada especialização em novas tecnologias de gestão da cadeia de abastecimento e outros factores que podem convencer uma empresa a subcontratar a gestão da cadeia de abastecimento a outra empresa (Peng, 2012).

O apoio logístico por outra empresa (outsourcing) pode ter benefícios como a melhor gestão financeira da cadeia de abastecimento, o melhor controlo e qualidade dos serviços e o facto de alguém com experiência nestas matérias assumir a estratégia de gestão da cadeia de abastecimento. Isto resulta em algumas conclusões iniciais. Estas são que as novas necessidades do mercado actualizaram a importância da logística no mercado global e é essencial que os gestores das empresas a considerem como uma ferramenta estratégica chave (Sheikh & Rana, 2014).

A gestão da cadeia de abastecimento é ainda mais importante quando está integrada com outras funções estratégicas como o marketing, a produção e o planeamento estratégico da empresa. Uma solução alternativa para tornar o departamento de logística mais competitivo é subcontratar a gestão a um terceiro e é útil nos casos em que a empresa não tem as capacidades para desenvolver o seu departamento de logística com o objetivo de o tornar uma fonte de vantagem competitiva e, por conseguinte, a empresa requer a ajuda de uma empresa que tem grande experiência neste domínio (Sheikh & Rana, 2014) . De um modo geral, a cadeia de abastecimento é a base do desenvolvimento do funcionamento de uma organização, uma vez que determina todas as suas actividades, ajuda em termos de crescimento e abrange todas as etapas até à entrega final de um produto ou serviço ao destinatário final, que é o cliente (ver Figura 1.4).

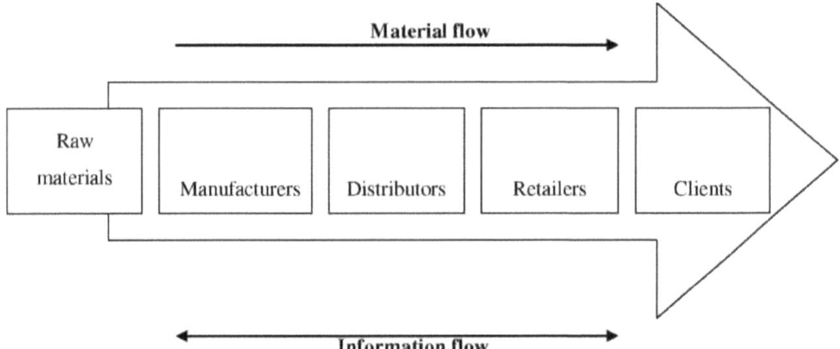

Figura 1.4 - Fluxo de materiais e de informação na cadeia de abastecimento.
Fonte: Koutsiouki, N. (2014)

De acordo com Sandberg e Abrahamsson (2011), alcançar melhorias na eficiência da cadeia de abastecimento é referido como um fator de crescimento fundamental para a vantagem competitiva de qualquer organização que se concentre no seguinte

(a) a redução dos custos de produção, de armazenagem e de distribuição,

(b) a melhoria dos níveis de serviço dos clientes, parceiros e revendedores,

(c) a melhoria dos inventários e a redução e, se possível, a eliminação do excesso de existências,

(d) a redução do tempo de introdução de novos produtos no mercado.

1.5. Sistema atual de abastecimento das forças armadas gregas

1.5.1. Exército

As exigências operacionais e funcionais para o cumprimento da missão do Exército são satisfeitas com um Sistema Logístico (SL) organizado, que inclui uma grelha de áreas e eixos, na qual se verificam as instalações do SL e os movimentos de abastecimentos, materiais, enchimentos e evacuações.

As áreas mais amplas do exército estão divididas nos dois sectores seguintes, através dos quais as unidades de formação são desenvolvidas e operadas e todos os abastecimentos e materiais de todas as classes são armazenados. O sistema acima referido é composto por dois sectores (Koutsiouki, 2014):

(a) *Base Area (BA),* que é administrada pela Base de Comando de Apoio (SCB), que é desenvolvida e operada em áreas dos departamentos geográficos da Ática, Grécia Continental e Peloponeso.

(b) *Área de Conservação (CA),* que é administrada pela Divisão de Apoio, que é desenvolvida e operada em áreas dos departamentos geográficos de Épiro, Tessália e Macedónia.

1.5.2 Marinha

São solicitadas respostas sobre questões de LS de todas as actividades da Marinha levadas a cabo pela Gestão Logística da Marinha (NML). A missão da Gestão Logística da Marinha é a organização, administração, formação, manutenção, segurança e prontidão dos serviços e navios auxiliares, de modo a abranger, em termos de LS, todas as actividades e negócios decorrentes da missão da Marinha.

O principal órgão de execução do programa logístico da Marinha Helénica (HN) é o Centro de Abastecimento da Marinha (NSC), que controla o nível das existências de materiais e fornecimentos utilizando meios electrónicos modernos.

Além disso, o navio de apoio na zona marítima grega é implementado através da seguinte rede logística: Estaleiro em Salamis e Creta, administrações navais marítimas no Norte da Grécia e no Mar Jónico, base marítima de Leros, marinheiros e estações.

1.5.3 Força Aérea

São necessárias respostas sobre questões de LS de todas as actividades da Força Aérea Helénica (HAF) realizadas pelas seguintes administrações

(a) *A Administração de Apoio Aéreo* (AAS) nas áreas de abastecimento, manutenção e transporte. A AAS presta apoio logístico às unidades e serviços através do Centro de Abastecimento da Aviação (AVS), que gere, armazena e distribui o material a granel da Força Aérea.

(b) *Gestão do Gasoduto de Combustível,* para o abastecimento de combustível às unidades. Oferece centros logísticos que fazem parte dos stocks a abrir, dispersão e segurança.

1.6 Modelo de aplicação de ERP pela NATO (Organização do Tratado do Atlântico Norte)

Para o apoio logístico dos países da NATO, é utilizada a organização NSPA (NATO Support Agency). O sistema de informação que apoia a NSPA é um sistema ERP baseado na plataforma ECC6. Este sistema é a base de desenvolvimento da arquitetura de implementação do apoio dos Sistemas de Informação e integra numa única plataforma a gestão de dados, financeira, logística, aprovisionamento e recursos humanos, como se pode ver mais detalhadamente na Figura 1.5 (NATO, 2015).

Figura 1.5 - O Sistema de Informação da central de comércio da NSPA.
Fonte: NATO. (2015) Sistema de Informação Corporativo.

O fornecimento do NSPA refere-se a acções específicas relativas à manutenção, armazenamento, transporte, aquisição, finanças, gestão de recursos humanos. Os procedimentos organizacionais são totalmente automatizados desde o início do processo até à sua conclusão, que se expressa no preço final. Todas as acções estão representadas na Figura 1.6. Especificamente, estas são as seguintes (NATO, 2015):

(a) ECIS (Electronic Customer Information System): Disponibilização de informação relativa às transacções comerciais do SAP-ERP28 da NSPA e associados.

(b) NLSE (NATO Logistics Stock Exchange): Sistema de venda de peças sobressalentes utilizáveis com negociações diretas de preços entre países.

(c) NMBS (NATO Mailbox System): Intercâmbio eletrónico de dados entre departamentos da NSPA e contactos comerciais.

(d) NMCRL (NATO Master Catalogue of References for Logistics): Uma base de dados com materiais codificados e número de série NSN (STANAG 2185,

2 015)

(e) EBid (Electronic Bidding): Para compras electrónicas.

(f) NDSS (NATO Depot and Support System): Sistema de gestão de armazéns e fornecimentos.

Os procedimentos para a normalização dos vários processos de dados NSPA centram-se e desenvolvem o intercâmbio de dados entre os países membros e a NATO, e permitem actualizações em relação ao progresso de vários procedimentos através dos sistemas nacionais de identificação por radiofrequência (RFID) e outras tecnologias de identificação automática (AIT) (ver Figura 1.6) (NATO, 2015).

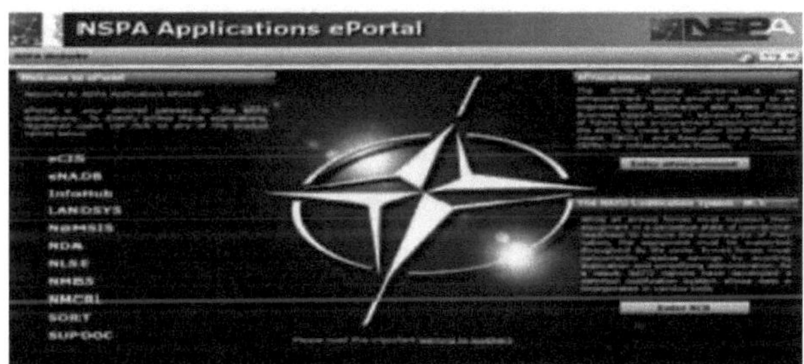

Figura 1.6- As funcionalidades do portal eletrónico da NSPA.

Fonte: NATO. (2015) Aplicação ePortal.

Esta plataforma foi criada pela Indústria Aeroespacial e de Defesa e é apoiada pelo Comité de Direção S200M. A plataforma ASD 2000M centra-se no desenvolvimento de normas com base nas quais se processa a gestão de materiais, fornecendo simultaneamente dados a utilizar pelos parceiros comerciais para o intercâmbio de informações nas seguintes áreas

(a) Planeamento do aprovisionamento e satisfação das necessidades, fornecendo informações sobre as vendas, os preços, os aprovisionamentos, etc,

(b) Desenvolvimento e gestão de encomendas,

(c) Produtos de faturação e de cobrança,

(d) Cobertura das reparações, gestão das encomendas e controlo dos consumos,

(e) Fornecimento de orientações (NATO, 2015).

A Agência de Apoio da NATO, enquanto Centro de Aprovisionamento da NATO, centra-se numa ferramenta de contabilidade integrada para o apoio ao Sistema de Apoio e Depósito da NATO, que é utilizado nos centros estratégicos da NATO, para um melhor aprovisionamento e um funcionamento mais amplo. Concentra-se no fornecimento de acções estratégicas e trabalha com 58 operadores em 28 áreas geográficas diferentes.

Por último, o NDSS interage com outros importantes sistemas ERP da NATO e ferramentas de apoio logístico, como o SAP@NSPA, serviços financeiros como o CNAFS-FinS (CNAFS - FinS: Commander, Naval Air Forces - Financial System) e o sistema ICTC (Interim Consignment Tracking Capability), permitindo a rastreabilidade contínua com a utilização da tecnologia de identificação por radiofrequência (NATO, 2015).

1.7 Sistemas ERP do Exército dos EUA

Os programas ERP de alto nível do exército têm objectivos distintos que são cruciais para a gestão económica dos serviços. Com o passar do tempo, o ERP sofreu uma evolução em termos de objectivos, estratégia e execução, uma vez que o Exército dos EUA pretende rever os seus programas e unificar as operações.

As actualizações dos programas são de grande importância, uma vez que o Departamento de Defesa está a trabalhar no sentido da transformação da gestão financeira e da prontidão de auditoria. Os ERPs do Exército têm um papel significativo na ajuda ao Departamento de Defesa para cumprir esses pré-requisitos e afastam o serviço dos sistemas herdados (Rachuri, Foufou & Kemmerer, 2006).

O General Fund Enterprise Business System (GFEBS) do Exército, o Army Contract Writing System (ACWS), o Global Combat Support System-Army (GCSS-Army) e o Logistics Modernization Program (LMP) podem conduzir as operações do Exército a nível administrativo, mas todos eles são fundamentais para as operações a nível dos serviços do Departamento de Defesa.

Além disso, estão a atravessar um novo período de evolução, uma vez que o exército moderniza a sua gestão, juntamente com a integração de todos os programas ERP num programa central de integração de sistemas empresariais do exército (AESIP).

Uma vez que a AESIP é o núcleo empresarial para a logística dos sistemas empresariais ERP económicos do Exército, mais uma tentativa de concentração, o Centro de Serviços Partilhados do Exército Integrador de Sistemas Orgânicos, transfere a responsabilidade pela engenharia de arquitetura, desenvolvimento e sustentação do sistema empresarial para a gestão do Estado.

O objetivo é incluir mais competências em matéria de ERP no Estado, de modo a proporcionar ao Exército mais elasticidade, custos reduzidos e maior estabilidade para as operações no futuro, segundo as autoridades.

Ao oferecer uma visão mais compreensível das operações comerciais e da logística do Exército, os ERPs e a sua atualização estão a levar o serviço a um novo período de gestão em geral. Para o conseguir, o Exército tem de ir mais longe do que os sistemas legados, divididos e dispendiosos, que pertencem a outra era.

O General Fund Enterprise Business System (GFEBS), por exemplo, está a levar o Exército a um estado de gestão de custos e despesas bastante responsável do ponto de vista financeiro.

A partir de 2012, o GFEBS alargou o seu alcance e é agora responsável pela supervisão do ciclo de vida do GFEBS, mas também por um sistema de gestão financeira de informações confidenciais e pelo Sistema de Redação de Contratos do Exército. O

General Fund Enterprise Business System foi completamente implementado em mais de 58.000 utilizadores finais em 227 locais em 71 países. Este sucesso continua por igualar no Ministério da Defesa (Rachuri, Foufou & Kemmerer, 2006).

1.8 Oportunidades de implementação nas forças armadas gregas

As forças armadas na Grécia estão a utilizar muitas aplicações e sistemas de TI sem nunca terem tentado um esforço sincronizado para alcançar a interoperabilidade. É claro que a centralização de tais serviços não deve ser confundida com a necessidade que cada sector tem de informação especializada para que as suas operações e utilização de meios sejam postas em prática e executadas de forma correta.

Além disso, existem alguns sectores na defesa que não devem ser centralizados de forma bissectorial. De certa forma, isso pode implicar benefícios ainda menores do que o lucro que se pretende alcançar. É por isso que são necessários testes e estudos de viabilidade antes de tais sistemas e tácticas serem postos em prática.

No entanto, alguns sistemas podem ser unificados e produzir efetivamente benefícios para as unidades especiais do exército grego, tais como: orçamento e finanças, fornecimentos, apoio técnico, retirada de material, informação de gestão e sistemas de informação de controlo.

A capacidade de trocar informações entre sectores e sistemas sobre o controlo, a gestão de recursos e a tomada de decisões é crucial para uma plataforma unificada de sistemas ERP. De acordo com o exemplo do Exército Americano visto acima, a criação de unidade entre os sistemas requer planejamento de longo prazo e gestão estratégica por parte da liderança.

1.9 Planeamento das necessidades de materiais (MRP)

1.9.1 Desenvolvimento MRP

O objetivo geral do planeamento das necessidades de materiais é fornecer um método eficaz, flexível e disciplinado para determinar as necessidades da empresa em termos de materiais. Se for utilizado corretamente, o planeamento das necessidades de materiais pode servir tanto como um método de comunicação como uma ferramenta de conceção, permitindo que várias partes menores da empresa funcionem no âmbito de uma conceção única e comum (Louly, Dolgui & Hnaien, 2008).

Especificamente, o objetivo dos sistemas MRP não é outro senão o objetivo principal de todos os sistemas de gestão de stocks que asseguram a disponibilidade de materiais, peças e produtos, para manter o nível de inventário mais baixo e programar as actividades de produção, os calendários de missão e os procedimentos de aquisição. Essencialmente, dado um programa básico de produção, o planeamento das necessidades de materiais tenta responder às perguntas: que material é necessário; quando é necessário; quanto é necessário fazer e quanto deve ser encomendado. Em resumo, o objetivo de um sistema MRP é minimizar o nível de inventário e maximizar a eficiência da operação de produção com o objetivo de melhorar o serviço ao cliente (Dolgui & Prodhon, 2007).

Os sistemas MRP são utilizados em vários tipos de empresas que, basicamente, têm sistemas de produção por encomenda. Nestes sistemas, cada cliente dá instruções ao sistema para produzir uma série de produtos cujas necessidades foram determinadas por ele próprio ou em cooperação com o sistema. O sistema dispõe de um certo número de máquinas encarregadas da execução das encomendas. O MRP é dificultado pelo facto de a procura de materiais não ser formada aleatoriamente, como no caso dos produtos de procura independente em massa no mercado, mas secundariamente, a partir dos programas de produção de produtos acabados (Louly, Dolgui & Hnaien, 2008).

1.9.2 Modo de funcionamento dos sistemas MRP

Os materiais necessários ao planeamento utilizados para o funcionamento do dossier de situação das existências, o plano principal de produção (MPS) e os materiais do dossier de situação. A partir do plano principal de produção, todos os produtos acabados a serem produzidos são mostrados em vários momentos. A descrição destes produtos e dos subconjuntos e componentes necessários para os produzir encontra-se no ficheiro de estado dos materiais (Dolgui & Prodhon, 2007).

Por fim, o ficheiro de estado das existências é a quantidade conhecida de existências de produtos acabados, mas também de cada subconjunto ou componente necessário, bem como as possíveis encomendas destes, que são recebidas dos fornecedores ou produzidas pelo próprio sistema em momentos conhecidos no futuro. Utilizando este ficheiro, e conhecendo através do ficheiro de estado dos materiais o número exato de peças necessárias do produto final, pode ser calculada a quantidade de cada subconjunto ou equipamento necessário para satisfazer a procura do produto final e para organizar a encomenda no momento adequado, de modo a que esteja disponível quando for preciso tendo em conta um tempo tolerável de receção (Louly, Dolgui & Hnaien, 2008).

Para o funcionamento do sistema MRP, é necessário saber, com base no plano de produção de base, o que deve ser produzido e quando. Em seguida, o ficheiro de estado dos materiais determinará quais os componentes que devem ser produzidos e quando. Também tem em conta o ficheiro da situação do inventário e quantos destes materiais já estão em inventário e quantos já foram programados para serem encomendados ou já foram encomendados e aguardam receção.

O MRP com o objetivo de dar uma referência para o que comprar e quando comprar e quando processar, anular e aumentar ou baixar encomendas, estará a realizar o processo de explosão e o processo de ligação em rede, compensando sempre os prazos de entrega aceitáveis. O MRP utiliza os dados para a procura independente do produto final, determinada na calendarização básica, e gera as necessidades durante períodos de tempo para os vários componentes, utilizando os materiais do estado compensados pelos seus prazos de entrega aceitáveis. Em seguida, a necessidade líquida de cada material é calculada como a seguir:

Necessidade líquida = Necessidade mista de materiais - Reservas disponíveis (disponíveis no início do período) - Entradas previstas de encomendas (ou entregas programadas) (D'Avino, De Simone & Schiraldi, 2014).

As entradas previstas são novas encomendas que ainda não foram entregues ao centro ou ao fornecedor para execução. As entradas previstas são encomendas efectuadas mas ainda não executadas. A programação da receção destas novas encomendas evita que o saldo disponível suave desça abaixo de um nível desejado de existências, que é designado por existências de segurança. O buffer é uma reserva e não está disponível para o ano em curso.

O tamanho do lote é a quantidade mínima que pode ser encomendada. A entrada planeada indica a quantidade a encomendar ou a começar a produzir em cada período a estar disponível. Todo este processo resulta em alterações nos dados dos inventários (encomendas feitas, alterações às encomendas, etc.), utilizados para informar o ficheiro da situação das existências (Louly, Dolgui & Hnaien, 2008).

Relativamente ao saldo inicial disponível, este é dado pela seguinte equação:

Existências disponíveis (disponíveis no início do período seguinte) = Existências internas - Inventário de segurança - Existências afectadas a outras utilizações

Finalmente, o armazenamento disponível em cada período subsequente é dado pela seguinte relação (D'Avino, De Simone & Schiraldi, 2014):

Existências disponíveis = Existências disponíveis + Entradas previstas + Ordens de entrada programadas - Créditos brutos

As entradas planeadas são as entradas de ordens que foram dadas no passado e executadas no período determinado, enquanto as entradas de ordens planeadas são entradas de ordens que surgem após o cálculo dos materiais necessários e tendo em conta o tempo tolerável de entrega dos materiais (D'Avino, De Simone & Schiraldi, 2014).

1.9.3 Vantagens e desvantagens do MRP

A implementação do sistema MRP numa empresa pode trazer vários resultados positivos. As vantagens do MRP são muito importantes. Entre elas, as mais importantes são (Jacobs, 2007):

(a) Melhor controlo da produção

(b) Informações mais exactas e mais oportunas

(c) Menos acções

(d) Ordenação por fases temporais

(e) Inventário obsoleto mais pequeno

(f) Maior fiabilidade

(g) Maior capacidade de resposta às exigências do mercado

(h) Melhor serviço ao cliente

(i) Possibilidade de obter preços mais competitivos

(j) Redução dos custos de produção

(k) Capacidade de alterar o calendário principal

(l) Reduzir o tempo de inatividade na produção

Conforme demonstrado, as vantagens da implementação do ERP são importantes e abrangem diferentes áreas do processo de produção. No entanto, são observadas algumas desvantagens aquando da sua aplicação. Verificou-se que, uma vez que o objetivo do MRP é manter as existências baixas, obrigando a empresa a fazer fornecimentos de materiais com demasiada frequência e em quantidades mais pequenas, isto aumenta os custos de encomenda, os custos de transporte e, em geral, o custo unitário do material adquirido.

Além disso, manter uma pequena quantidade de stock representa um maior risco de atraso ou interrupção na produção devido à falta de materiais. Naturalmente, é de salientar que o MRP tem em conta as reservas de segurança, que proporcionam alguma proteção ao sistema (Jacobs, 2007).

Por último, registaram-se alguns problemas durante o funcionamento do sistema. Mais especificamente, o funcionamento correto requer a atualização contínua dos ficheiros de estado dos materiais, das existências e do plano de produção de base. Uma atualização incompleta destes ficheiros pode conduzir a resultados errados do sistema. Também foi observado um mau funcionamento em termos de flexibilidade do sistema. Quando o sistema cria um padrão específico de encomendas, é muito difícil adaptar-se a uma eventual alteração dos dados de entrada (D'Avino, De Simone & Schiraldi, 2014).

As principais desvantagens do MRP são resumidas a seguir (Jacobs, 2007):

(a) Os materiais têm de ser comprados com mais frequência e em menos quantidades, uma vez que as existências são mantidas a níveis baixos, o que resulta num aumento do custo por encomenda, do custo de transporte e do custo por unidade.

(b) Existe também o risco de atraso ou interrupção da produção devido à falta de recursos ou a factores externos à empresa. (por exemplo, greves).

1.10 Aplicações empresariais

1.10.1 Introdução ao método JIT (Just-In-time)

O termo Just-in-Time (JIT) descreve um estilo típico de gestão da produção que inclui um conjunto de objectivos, técnicas e métodos, cujas raízes provêm da cultura, história e geografia japonesas.

A metodologia (quase filosofia) do JIT foi desenvolvida através de esforços durante a Segunda Guerra Mundial, como resultado da campanha colectiva da indústria japonesa para competir com o Ocidente e, especialmente, com a indústria norte-americana. O fator crítico no desenvolvimento da produção JIT foi Taiichi Ohno na empresa automóvel Toyota (Monden, 2011).

O principal objetivo de Ohno na Toyota baseava-se no princípio: *o tempo necessário* (Just-in-Time). A visão aqui era conseguir um ambiente produtivo que simulasse o super mercado. O cliente final é capaz de encontrar o instante que quiser, quando quiser e na quantidade que desejar.

O rácio em ambiente de produção consiste em que um posto de trabalho obtenha os materiais necessários para a execução de uma atividade de produção no tempo e na quantidade desejados de outro posto de trabalho que esteja a executar actividades anteriores do processo de produção.

A visão JIT exige um ambiente que funcione corretamente, sem interrupções. Quando os materiais necessários a um posto de trabalho não estão disponíveis, todo o sistema pode ser afetado.

Uma das condições para a implementação de um ambiente deste tipo é o segundo princípio do JIT (Monden, 2011): Automação com rosto humano (Automação). A ideia básica aqui é desenvolver máquinas que (a) sejam automatizadas de modo que um funcionário seja capaz de operar várias máquinas simultaneamente e (b) seja capaz de diagnosticar (automaticamente) quaisquer problemas.

Os princípios foram desenvolvidos pela Toyota através de múltiplos métodos, técnicas, ferramentas, aparelhos, dispositivos e sistemas que tornaram esta empresa, mas também a indústria japonesa em geral, líder mundial.

Devido às suas origens japonesas, o modo de produção JIT desenvolveu uma abordagem sintética de cima para baixo (top down). Por conseguinte, os objectivos, a metodologia subjacente e as metas desempenham um papel crucial no desenvolvimento do JIT. De acordo com Edwards, estes objectivos podem ser resumidos em "7 zeros" (ver Anexo 2) (Aksoy & Öztürk, 2011).

Estes objectivos são, evidentemente, ideais. Mas o seu valor é esse:

(a) determinar a política para a qual deve ser orientado um sistema de produção eficiente,

(b) demonstrar o valor da melhoria contínua, um ambiente produtivo e

(c) servir de indicadores de avaliação de um sistema de produção (melhoria contínua).

A implementação do método de produção JIT requer certas condições. Se estas condições forem cumpridas, as técnicas e ferramentas do JIT conduzem a um sistema de produção eficiente (Aksoy & Öztürk, 2011).

O JIT requer um programa de produção regular. É claro que é possível regularizar os pedidos dos clientes, que são pedidos independentes (externos). A sequência de produção tem de ser idêntica à sequência de encomendas dos clientes. Por conseguinte, a normalização das necessidades pode ser efectuada através de uma gestão adequada do Programa de Produção Principal (MPS).

Os picos nos períodos de um MPS suavizado baseiam-se em dois passos simples (Aksoy & Öztürk, 2011): (a) suavização das necessidades em subconjuntos curtos e (b) desenvolvimento de uma sequência de produção uniforme (ver Anexo 3).

Capítulo 2. Práticas comuns

"A única coisa mais difícil do que fazer entrar uma nova ideia na mente dos militares é fazer sair uma ideia antiga"

Sir Basil Henry Liddell Hart.

2.1 Codificação

A codificação é o processo de identificação de um material (ou de armazéns) através de um nome, código simbólico ou numérico. É a base das operações logísticas modernas (logística).

As principais formas de codificação dizem respeito a: unidades de comercialização a retalho, unidades de comercialização por grosso, unidades de contabilidade

A necessidade de codificação deve-se a razões como a gestão eficaz e a classificação de materiais, a normalização de formulários e pedidos de encomendas, a velocidade de transporte de fornecimentos, a colocação de encomendas e o seu acompanhamento, bem como a gestão de TI. A codificação tem de ser simples, única, coerente, pertinente e flexível para poder responder a necessidades futuras.

Existem muitos sistemas de codificação, tais como:

(a) Sistemas de codificação numérica: Definem um código numérico para cada material, cujos dígitos estão normalmente agrupados em 4 grupos. Esta categoria inclui os sistemas de codificação de materiais militares, como o Sistema de Codificação da NATO (NCS).

(b) Sistemas de codificação arbitrários: baseados num número de material único (número de peça), conferido pelo operador de produção.

(c) Sistemas de codificação mnemónica ou alfanumérica: são semelhantes aos algarismos, mas ambos com letras

2.2 O Sistema de Codificação da NATO (NCS)

O Sistema de Codificação da NATO (NCS) é um sistema uniforme e comum para a identificação, classificação e número de desempenho dos materiais de fornecimento nominal aos países utilizadores. Foi concebido para alcançar a máxima eficácia no apoio logístico e facilitar a gestão de dados dos materiais. O Sistema de Codificação foi aceite por todos os países membros e por países cooperantes não pertencentes à NATO para utilização na identificação dos materiais fornecidos.

A principal documentação do Sistema é a Allied Codification Publication No. 1 (ACodP-1), também conhecida como Manual NATO Codification, que descreve o funcionamento do processo do Sistema (Church, 1990).

A aplicação militar deste sistema funciona através de dois (2) Acordos de Normalização da NATO (STANAGs): STANAG 3150 (Sistema Uniforme de Classificação de Materiais) e STANAG 3151 (Sistema Uniforme de Identificação de Materiais). Este sistema, que se baseia no sistema de catalogação federal dos Estados Unidos, é também utilizado por organismos civis de alguns países membros da NATO. É administrado pelo Grupo de Diretores Nacionais de Codificação (AC/135) e a responsabilidade pela sua aplicação nos países que o utilizam é dos Gabinetes Nacionais de Codificação (NCB).

Os principais objectivos do sistema são:

(a) A cooperação efectiva entre os países-utilizadores.

(b) Aumentar a eficácia dos sistemas de gestão dos utilizadores nacionais.

(c) Facilitar o tratamento dos dados.

(d) Minimizar os custos administrativos dos países-utilizadores.

(e) Aumentar a eficácia dos utilizadores nacionais nas funções de gestão de hardware

A criação, o funcionamento e o apoio do Sistema de Codificação da NATO proporcionam uma linguagem de identificação uniforme para utilização tanto nas actividades nacionais (por exemplo, gestão de fornecimentos, normalização, etc.) como entre os países membros, incluindo os países não pertencentes à NATO que são membros colaboradores do Sistema de Codificação da NATO (NCS).

A utilização baseia-se no princípio de que a responsabilidade pela codificação de um material é do país de fabrico do material, mesmo que o equipamento não seja utilizado nesse país. Nestes casos, o país fornecedor deve aplicar a codificação do material no país produtor. Para a codificação de materiais de fornecimento produzidos por fabricantes fora dos países da NATO ou parceiros, nível 2 (Tier 2), aplicam-se procedimentos especiais.

2.2.1 Vantagens do Sistema de Codificação da NATO

O Sistema de Codificação da NATO fornece informações precisas sobre a identidade de um fornecimento de material e permite o registo das fontes de fornecimento. Facilita a resolução de problemas de gestão, proporcionando aos utilizadores um acesso imediato a uma fonte de informação simples e constantemente actualizada (Eddy & Arnett, 2003).

Para obter o máximo benefício do Sistema de Codificação da NATO em vigor, foram acordados internacionalmente métodos e procedimentos para facilitar o intercâmbio regular de dados e serviços de codificação entre os países membros. Foram estabelecidos métodos normalizados para o intercâmbio de dados através das telecomunicações e os peritos acordaram códigos de entrada, saída e formulários. Os países da NATO e os seus parceiros trocam dados nacionais relativos a nomes, endereços, telefones, faxes, correio eletrónico e códigos de classificação industrial de todos os fabricantes e fornecedores registados (Eddy & Arnett, 2003).

2.3 Logística de terceiros (3PL)

O desenvolvimento dos serviços 3PL na Grécia situou-se no início da década de 1990, quando um regulamento comunitário relevante permitiu a substituição dos armazéns públicos alfandegários, levando as empresas de expedição a explorar áreas de armazenamento temporário de mercadorias comunitárias para prestar serviços de armazenamento e distribuição (Hamdan & Rogers, 2008).

A atividade transitária, antecipando as necessidades do mercado e as tendências prevalecentes nos mercados estrangeiros, quis alargar a gama de serviços para cobrir a maior parte possível das necessidades dos seus clientes. A expansão correspondente dos serviços era efectuada por empresas que trabalhavam apenas com o aluguer de armazéns e câmaras frigoríficas. A criação de empresas que se dedicam exclusivamente à prestação de serviços 3PL integrados é uma evolução mais recente.

Os prestadores de serviços logísticos (ThirdParty Logistics-3PL) tornaram-se um elo importante em toda a cadeia de abastecimento. Estas empresas fornecem serviços que permitem às empresas individuais ceder parte dos procedimentos de gestão, produção, embalagem, armazenamento, distribuição de produtos (Hamdan & Rogers, 2008).

O desenvolvimento do sector 3PL levou as empresas a tornarem-se mais frugais na sua estrutura, reduzindo os seus activos e equipamentos e permitindo-lhes concentrarem-se noutros processos empresariais essenciais.

O 16.º Estudo Anual de Logística de Terceiros, realizado em meados de 2011, para além de documentar a evolução contínua do sector da Logística de Terceiros, revelou ainda uma atenção especial para as três direcções seguintes:

(a) A logística está agora a começar a ser utilizada em novos mercados em desenvolvimento. Começa a encontrar aplicações na maioria dos domínios, mais ou menos.

(b) As necessidades da cadeia de abastecimento do mercado da eletrónica constituem uma base importante. Existem desafios significativos neste domínio.

(c) Pela primeira vez na história destes estudos, o talento e o impacto que tem no processo de Supply Chain Management (gestão logística) entre os 3PL e as empresas que os utilizam foram tidos em conta.

Hertz e Alfredsson (2003) dividem o 3PL em quatro categorias:

(a) os fornecedores terceiros normais (fornecedores 3PL normais),

(b) fornecedores que se ocupam do desenvolvimento de serviços (criadores de serviços),

(c) fornecedores que se dedicam ao estudo dos processos logísticos dos clientes e

(d) fornecedores que realizam globalmente os processos logísticos.

A primeira categoria oferece serviços tradicionais de armazenamento, distribuição, recolha, embalagem, etc.

A segunda categoria diferencia-se, fornecendo serviços de valor acrescentado, tais como o acondicionamento em função das necessidades individuais, o armazenamento de curta duração (crossdocking), o controlo e a localização da carga (ANS trace), etc. Frequentemente, desenvolvem sistemas de informação de apoio às actividades dos clientes para obter economias de escala e de gama.

A terceira categoria deve atuar sobre os processos logísticos dos clientes, sem, no entanto, proceder à sua eventual atualização. As práticas óptimas consistem em empreender um número limitado de clientes, uma vez que é necessário um estudo aprofundado dos processos.

Por último, a quarta categoria aborda o conceito de prestadores de serviços 4PL e exige a sua integração com os clientes a nível global dos processos logísticos.

2.4 Logística de partes vs. logística de terceiros

Muitas vezes, o conceito de 4PL é confundido com o de 3PL, uma vez que o 3PL está constantemente a expandir a sua carteira de serviços, integrando serviços cada vez mais avançados, como o planeamento e a coordenação da cadeia logística (Jung & Hen, 2007), obtendo um papel mais abrangente

Van Hoek (2008) efectuou uma comparação entre as duas entidades para resolver a questão da identificação. Relativamente à selagem da cooperação, a sinergia com um 3PL assenta na existência de um contrato cotado (contrato negociado), enquanto na sinergia com 4PL, a sintaxe dos contratos exclusivos (contrato dedicado) é um horizonte estratégico. Em termos de nível de conhecimento, os serviços prestados pelos 3PL incluem tarefas normalizadas que não requerem conhecimentos especializados. Pelo contrário, os 4PL exercem a coordenação e a gestão dos processos da cadeia de abastecimento que exigem um conhecimento profundo das condições.

Além disso, os dois fornecedores diferenciam e utilizam capital. O funcionamento do 3PL é de capital intensivo, ao contrário do 4PL que é de tecnologia intensiva, principalmente a presença de sistemas de informação e sistemas de comunicação, que facilitam e partilham informações entre as partes da cadeia de abastecimento.

No caso do 3PL, pelo contrário, não se dá ênfase ao fluxo de informação, uma vez que se centra na execução correta de funções individuais. Por último, o desempenho dos serviços 4PL é medido com base nos resultados da cadeia de abastecimento dos clientes, enquanto o desempenho dos 3PL se refere a benefícios e resultados tangíveis.

As correlações de Hoek são também adoptadas por Win (2008), que acrescenta um elemento de responsabilidade, em que os 4PL assumem a responsabilidade global pela operação bem sucedida da cadeia logística como unificador (integrador), ao contrário dos 3PL, uma vez que a empresa focal interage com mais do que um 3PL. O desempenho dos 4PL é avaliado pela criação de valor para a organização, enquanto o desempenho dos 3PL é avaliado com base em elementos de custo estritos.

Por ocasião da comparação das duas entidades, Win (2008) opõe-se também à lógica que pretende que o 3PL seja o prestador mais competente para evoluir para o 4PL, uma vez que os objectivos do 3PL entram em conflito com os do 4PL. O 3PL centra-se na maximização do retorno dos fundos próprios investidos em nome dos acionistas. Por isso, a assunção dos deveres de 4PL impedi-los-á de utilizar as suas próprias instalações em detrimento da concorrência, e não farão a pesquisa ou obterão propostas competitivas de outras empresas 3PL. Esta conclusão contradiz o papel do 4PL, que tem por objetivo utilizar a combinação ideal de recursos e parceiros.

Como já foi referido, as capacidades dos prestadores de serviços 4PL no domínio da logística são consideradas de conhecimento intensivo para oferecerem aconselhamento com base em investigação exaustiva aos clientes para melhorar o desempenho da cadeia de abastecimento. Com base nas suas competências, fazem o planeamento e a implementação de novas práticas. Um exemplo típico são as empresas multinacionais que estão empenhadas em alianças e parcerias estratégicas com fornecedores 4PL, com o objetivo de desenvolverem em conjunto novos produtos e processos.

Além disso, os processos de (des) concentração podem ser melhorados em termos de velocidade e significado, uma vez que o 4PL favorece um processo de tomada de decisão no que diz respeito a

(a) as funções desempenhadas na cadeia de abastecimento,

(b) o número e o tipo de entidades envolvidas nestas funções,

(c) o tipo de relações que se desenvolvem entre os membros da cadeia de abastecimento,

(d) o local de instalação dos membros,

(e) a necessidade de proximidade física, organizacional e cultural entre os membros,

(f) formas de ligar os membros, através de transporte físico, sistemas de TI e sistemas de pagamento (Visser. et al. 2004).

2.5 Sistemas de gestão de armazéns (WMS)

O sistema de gestão de armazém (WMS) é uma aplicação de software que apoia as operações diárias de um armazém. Os sistemas WMS permitem a gestão centralizada de tarefas, como a monitorização dos níveis de stock e a sua colocação no "sítio certo" no armazém. Estes sistemas podem ser aplicações autónomas ou fazer parte de um sistema de planeamento "interno" (ERP) (Autry et al, 2005).

Os primeiros sistemas de gestão de armazéns só podiam fornecer funções simples, como a gestão de locais de armazenamento. As aplicações actuais de WMS podem ser tão complexas e os dados são fornecidos como informação para a gestão geral de um armazém, pelo que é necessário pessoal com formação adequada para o apoiar. Independentemente da simplicidade ou complexidade da aplicação, o objetivo de um sistema de gestão de armazém continua a ser o mesmo - fornecer à gestão as informações necessárias para controlar eficazmente o movimento de materiais num armazém.

Em muitos armazéns foi instalado um único computador com o software correto. No escritório responsável pelo armazém está normalmente instalado um computador com um programa adequado que permite uma gestão eficaz dos produtos armazenados. Estes sistemas simples são normalmente aplicados em pequenas empresas familiares e outras empresas porque as quantidades e os números de códigos são demasiado pequenos. Essencialmente, com este sistema consegue-se uma melhoria nos processos de armazenamento devido aos inconvenientes básicos que apresenta (Helo & Szekely, 2005):

(a) Uma das principais desvantagens é a introdução incorrecta do código à medida que se digita.

(b) Não é possível obter um controlo efetivo sobre o cumprimento de todas as instruções dadas.

(c) Verifica-se um atraso na atualização da base de dados, o que origina problemas nas reposições de existências e nos tempos de resposta às diferentes alterações do material armazenado.

(d) Como são utilizados programas proprietários, estes não podem aceitar mudanças.

É muito frequente a instalação de uma rede informática nos armazéns. O funcionamento de uma rede informática local no armazém é um sistema de armazenamento automatizado mais sofisticado. O servidor da rede está ligado a outras actividades. Embora com este sistema se consiga a comunicação e a informação entre departamentos para uma melhor organização, existe um sério inconveniente no apoio a actividades importantes do armazém, como a atracagem de franjas, o fluxo de produtos armazenados, etc. Isto resulta na ocorrência de excedentes de stock, uma vez que a informação muda a um ritmo que pode demorar de duas a vinte e quatro horas (Patterson, Grimm & Corsi, 2003).

A forma mais moderna de sistema de armazenamento de informação é a instalação de uma rede informática com comunicação sem fios (RF). No domínio moderno da logística, em que prevalece o serviço direto ao cliente com o menor custo possível e com o aumento diário da concorrência, é necessário instalar sistemas informáticos automatizados nos grandes centros de distribuição.

As vantagens oferecidas pela instalação e funcionamento destes sistemas de informação são geralmente as seguintes (Patterson, Grimm & Corsi, 2003)

(a) Redução significativa dos erros observados na receção e expedição de mercadorias.

(b) Dão a possibilidade de serem verificadas e actualizadas através da introdução de multi-informação.

(c) Utilizam todo o potencial das máquinas automatizadas, tais como scanners portáteis, veículos especiais (empilhadores), etc.

(d) Definição fácil de procedimentos que permitem otimizar e automatizar o funcionamento do armazém.

(e) Dão a oportunidade de colocar materiais diretos nas prateleiras da loja e de os retirar.

(f) É possível gerir mais eficazmente os diferentes processos de armazenagem.

(g) A capacidade sem fios permite a introdução correta de dados.

(h) Redução das perdas de inventário

(i) Recolha atempada e eficiente de lotes defeituosos.

(j) Construir corretamente a carga e a descarga dos materiais armazenados.

(k) O sistema de armazenamento de informações, dada a possibilidade de classificar as existências logo na análise ABC.

(l) Oferecem a possibilidade de serem efectuados processos de armazenagem combinados.

(m) Por fim, é possível obter informações importantes sobre os movimentos de mercadorias, as produtividades dos utilizadores, os tempos de trabalho, a utilização de máquinas, etc.

Capítulo 3. Metodologia da investigação

O enquadramento da investigação a efetuar está relacionado com a abordagem dedutiva. A recolha de informação será efectuada através de investigação primária e secundária. A abordagem metodológica da investigação primária será a investigação qualitativa.

3.1 Método Qualitativo

A investigação qualitativa procura explorar e explicar o significado e não a incidência de determinados fenómenos. As técnicas qualitativas estão interessadas em explicar o que as pessoas pensam e não o número de pessoas que interessa à investigação quantitativa (Petrakis, 2006). De acordo com Petrakis (2006), os objectivos da investigação qualitativa são:

(a) Para descobrir novas ideias

(b) Investigar a opinião dos inquiridos sobre uma questão específica

(c) Prestar assistência ao investigador na elaboração do questionário

(d) Confirmar as informações obtidas na investigação quantitativa

3.1.1 População

A população da investigação é constituída pelo pessoal militar dos departamentos de aprovisionamento e organização, responsável pela tecnologia nos departamentos correspondentes do exército.

3.1.2 Seleção da amostra - Tamanho da amostra

A amostra a utilizar na investigação qualitativa será uma amostra não probabilística e, mais especificamente, o método será a amostragem intencional. O investigador utilizará uma amostra intencional, uma vez que a amostra de pessoas escolhida consiste naquelas que aceitam, compreendem e se relacionam com o objetivo deste estudo. De acordo com o objetivo e os dados que definem o método, o investigador exclui um número de pessoas que não são relevantes para o tema da investigação (Lisa, 2008).

A dimensão da amostra que será utilizada nesta investigação será de dez (10) indivíduos militares que estão bem cientes das questões de ERP das suas unidades. As suas respostas contribuirão para o desenvolvimento da investigação e para a objetividade dos resultados.

3.2 Ferramenta de investigação da qualidade

O instrumento a utilizar para a realização da investigação qualitativa será a entrevista em profundidade com a ajuda de entrevistas semi-estruturadas, que seguirão algumas linhas de discussão. As linhas de discussão são os dados para o desenvolvimento das entrevistas a realizar com os participantes da investigação e são também os campos de análise das respostas. O ERP em geral pode ser definido como as linhas de discussão, a ligação do ERP com as necessidades do exército e das unidades e o seu impacto com efeitos negativos ou positivos (Palys, 2010).

Apesar da relevância dos dados, a abordagem dos dados qualitativos tem as suas fraquezas e limitações. Inicialmente, a recolha e a análise dos dados qualitativos são exigentes e demoram muito tempo, porque podem ser recolhidas muitas formas de dados e o investigador fica sobrecarregado com o seu volume (Miles, 1999).

Em segundo lugar, os limites das várias metodologias de análise de dados quantitativos não foram bem estabelecidos e, finalmente, os investigadores que utilizam a metodologia qualitativa são normalmente criticados pelo facto de os resultados da sua análise qualitativa não poderem ser generalizados a uma população mais vasta, porque a amostra de pessoas é normalmente pequena e os participantes não são selecionados aleatoriamente (Hancock et al., 2007).

As principais vantagens e desvantagens de uma investigação qualitativa são apresentadas no Quadro 3.1.

Vantagens	**Desvantagens**
- Investigação caracterizada pelo pormenor e pela profundidade	- Normalmente utiliza pequenas amostras
- Pode levar à investigação de fenómenos, processos e comportamentos que não estavam	- Caracterizado por possibilidades relativamente limitadas de generalização e comparação

Vantagens	Desvantagens
previstos - Investigação da experiência dos sujeitos sociais. O entrevistador "vê" e compreende o mundo através dos olhos e da perceção dos sujeitos sociais - Procura-se evitar juízos a priori	- Depende muito das percepções pessoais e das qualidades de comunicação do investigador - A participação ou o envolvimento do investigador pode alterar as caraterísticas do fenómeno ou processo social estudado

Quadro 3.1: Vantagens e desvantagens da investigação qualitativa.
Fonte: Iosifidis, Th. (2008).

3.3 Recolha de dados e codificação

A recolha de informações será efectuada no local de trabalho dos participantes, onde também serão realizadas as entrevistas. A codificação dos dados será efectuada utilizando a fiabilidade dos intercodificadores e através do processo de descodificação dos dados. O grau de concordância e discordância dos resultados da análise a efetuar, determinará a fiabilidade da Investigação Qualitativa. Entre os dois métodos de codificação - a priori e emergente - optou-se pelo método a priori. O método a priori é um método de codificação aberto, sem restrições e é realizado através da aplicação do processo de atenção, recolha e deliberação, ao contrário do método de codificação emergente, utilizado para procedimentos de codificação mais emergenciais que ocorrem principalmente sob pressão. No presente caso, pretende-se efetuar uma codificação cuidadosa e bem organizada dos dados (Siskou, 2003).

3.3 Método de análise da qualidade

A metodologia de análise qualitativa a utilizar é a análise de conteúdo. Este tipo de análise refere-se e regista a informação exacta fornecida pela amostra inquirida (Petrakis, 2006). A análise de conteúdo é um método quantitativo de estudo de textos, a análise de textos, quanto à presença e frequência de determinados termos, narrativas ou conceitos. Pode incluir a medição/listagem do número de linhas ou a quantidade de espaço que vários assuntos ocupam. A análise de conteúdo converte material secundário de natureza qualitativa sob a forma de dados quantitativos (Petrakis, 2006).

Todos os entrevistados foram informados da proteção dos seus direitos em termos de anonimato e de que as suas respostas não seriam divulgadas. Todos os entrevistados participaram voluntariamente. Para este estudo específico, foi selecionada uma amostra de 10 participantes.

Capítulo 4. Resultados

Em relação à primeira pergunta, que investigava se "a utilização do programa ERP é obrigatória ou opcional", a resposta, de acordo com a perceção geral da questão pelos inquiridos, é que é obrigatória.

O que ficou particularmente estabelecido através das respostas dadas por todos os inquiridos, tal como mencionado anteriormente, é que a utilização do ERP é obrigatória e que, normalmente, todas as unidades deveriam utilizá-lo como um guia nas suas operações, mas isso nem sempre é possível.

Um dos inquiridos afirmou que *"esta ferramenta é única para coordenar as operações internas, as aquisições, a gestão e a função económica"*. Outro inquirido afirmou que *"para que o exército seja competitivo, deve concentrar-se na melhoria tecnológica, no reforço das suas funções e na sua maior eficácia, pelo que o ERP pode ajudar nestas áreas, pode ajudar o exército a tornar-se competitivo a nível global"*.

A maioria dos inquiridos concordou que, apesar da implementação obrigatória do ERP, tal como em geral a implementação de meios tecnológicos semelhantes, a crise financeira, os cortes orçamentais mais amplos, a falta de formação, a falta de pessoal qualificado e, em geral, a má função de gestão, tudo isto dificulta a aplicação do programa específico, levando à incapacidade de o utilizar.

Um aspeto importante, que também derivou da teoria (Aksoy & Öztürk, 2011), é a necessidade de um esforço coordenado de todas as partes envolvidas para que o ERP seja implementado com sucesso e sem restrições.

A implementação do ERP, por si só, não pode trazer mudanças e progressos no funcionamento do exército, mas, atualmente, a coordenação é considerada necessária para alcançar a melhoria desejada e, mais amplamente, para permitir que o ERP, para além da sua instalação como um programa, seja também utilizado corretamente por todos os envolvidos em todos os processos relacionados com o funcionamento global do exército na Grécia.

Na pergunta seguinte, o autor tentou determinar, através da discussão que teve com os inquiridos, se a implementação do sistema ERP ajuda na tomada de decisões. As respostas mostraram que, de facto, os sistemas ERP são importantes para a tomada de decisões. Especificamente, todos os inquiridos referiram que o exército, enquanto organização, lida com muitos incidentes importantes. Especialmente os oficiais superiores têm de tomar decisões para poderem lidar com sucesso com estes incidentes críticos e, para evitar qualquer impacto negativo, é-lhes exigido que disponham de toda a informação adequada e necessária, que pode ser fornecida através da utilização do ERP, uma vez que é uma ferramenta que dá muitas possibilidades em termos de informação em todas as áreas do exército, facto que é confirmado pela teoria (Autry et al, 2005).

O ERP pode ajudar em termos económicos, no funcionamento dos depósitos, que é importante nas forças armadas, nas aquisições, na gestão do pessoal e em relação aos salários. De um modo geral, todas as informações acima referidas são importantes para o funcionamento do exército, tanto em termos de ramos como no seu conjunto.

No que diz respeito à utilização do sistema ERP em todas as funções do exército, todos os inquiridos responderam que, em relação à sua unidade, o programa específico é funcional, mas, acima de tudo, reduz a burocracia, reforça a participação, ajuda na resolução de erros e, através de todos estes procedimentos, o exército pode poupar dinheiro e melhorar os níveis do funcionamento económico mais amplo do exército como um todo e, claro, por departamento.

Certamente, um problema significativo, tal como evidenciado por todos os inquiridos, é que muitos comandantes, devido à sua idade, conhecimento, experiência e mentalidade em geral, são negativos em relação a qualquer adoção de novos programas - ferramentas, principalmente porque têm medo de não serem capazes de operar com sucesso. Infelizmente, tal como referido pelos inquiridos, este facto leva alguns departamentos a um impasse.

Em relação à questão sobre as operações em que o ERP pode ajudar o exército, todos os inquiridos referiram que, uma vez que pode integrar as principais actividades operacionais e produzir e partilhar dados em tempo real, tanto internamente como com parceiros externos, deve ser utilizado nestas áreas, de modo a otimizar os recursos e os custos operacionais consideráveis. Além disso, deve ser aplicado à consolidação destes sistemas numa plataforma única que abranja diferentes requisitos funcionais a nível tático, operacional e de apoio à base.

Foi observado através da teoria (Dolgui & Prodhon, 2007) que, sem uma formação adequada e coordenada do pessoal envolvido na utilização do ERP, existe o risco da sua aplicação ineficaz e do fracasso de todo o processo. Os inquiridos identificaram indícios de que o processo de formação seguido não está bem estruturado e que existe uma necessidade crucial de implementação de acções corretivas para melhorar todo o processo.

Os inquiridos que tinham experiência anterior com este tipo de programas referiram que os processos de formação que antecederam a implementação do ERP estão resumidos no seguinte:

(a) informações da unidade para a importância do programa,

(b) foi solicitado aos funcionários superiores que apresentassem as suas sugestões escritas sobre a forma de organizar a formação após a execução,

(c) foram realizadas colaborações com formadores externos, que formaram os agentes internamente para se tornarem eles próprios formadores,

(d) houve uma avaliação após o fim do programa de formação e uma avaliação subsequente do programa final.

De acordo com todos os inquiridos, as áreas de aplicação são o departamento de contabilidade, os armazéns, os processos de produção, a função administrativa, etc. Os possíveis problemas, tal como salientado na teoria (Drexl & Kimms, 2013) e também através das entrevistas, são os seguintes:

(a) problemas na partilha de informações entre os diferentes departamentos de uma mesma unidade,

(b) redundância de dados,

(c) necessidade de pesquisar em várias bases de dados,

(d) dissemelhança do sistema,

(e) dificuldades de manutenção e custos dos diferentes sistemas,

(f) os dados susceptíveis de serem úteis não foram utilizados,

(g) má qualidade da informação.

Posteriormente, foi pedido aos inquiridos que identificassem as vantagens e desvantagens da implementação do sistema ERP. No seu conjunto e em combinação com a teoria (Fawcett et al., 2014), os inquiridos responderam da seguinte forma:

(a) Visão global dos dados financeiros: Os dados financeiros e as informações relevantes são introduzidos no sistema a partir de todos os departamentos. Estes dados são recolhidos e processados como uma única unidade e fornecem informações diretas aos utilizadores que têm acesso a essas informações.

(b) Organização dos procedimentos e operações do departamento: O ERP é a espinha dorsal do funcionamento da organização que o implementa, uma vez que se baseia na automatização de processos e funções. Os processos são simplificados, oficiais, claros e estáveis para cada departamento do organismo e para cada membro do pessoal.

(c) Reduz o tempo necessário para a introdução de dados: A informação é introduzida uma vez e é utilizada por todo o organismo.

(d) Conformidade mais fácil com as normas obrigatórias ou facultativas: Um fenómeno comum é a fraqueza na adoção de várias normas, como as normas de garantia de qualidade ISO9002, IAS, etc. Um sistema ERP bem organizado, através das suas possibilidades de modelação, é capaz de tornar esta transição fácil e segura.

(e) Redução de erros: É um fator que se considera relativamente fácil de medir e que afecta diretamente muitos outros, como a satisfação do pessoal, a redução dos custos operacionais, etc.

Em contrapartida, as desvantagens referidas pelos inquiridos são as seguintes

(a) A adaptação às necessidades específicas e ao modo de funcionamento de uma unidade militar, que exige frequentemente numerosas inicializações, interfaces com outros sistemas e modificações do sistema ERP escolhido.

(b) Em muitos casos, o apoio e a manutenção subsequentes do sistema ERP são altamente dispendiosos.

(c) Cada campo militar não tem um perito para o implementar e operar, o que dificulta a expansão da sua implementação e a coordenação mais alargada.

(d) A instalação e a implantação de um sistema ERP podem provocar grandes mudanças na organização e no funcionamento, algumas das quais são susceptíveis de ser impostas à unidade, a fim de poder adaptar-se ao sistema ERP.

Foi também perguntado aos inquiridos se o pessoal militar administrativo possui o nível de conhecimentos adequado para utilizar o sistema ERP. A maioria respondeu negativamente, considerando que não há um número suficiente de pessoas que realmente conheçam e possam operá-lo com sucesso. Sugeriram que o pessoal do exército deveria receber mais formação para se especializar na utilização do programa e alcançar um melhor nível de funcionamento do programa no futuro.

No que se refere ao impacto do ERP no funcionamento do departamento de aquisições e na formação do pessoal, todos os inquiridos afirmaram que consideram o sistema ERP como uma ferramenta cujas principais áreas de aplicação são as duas áreas acima referidas. No entanto, afirmaram que, para obter resultados ainda melhores, são necessários mais recursos financeiros, mais formação do pessoal e um melhor funcionamento interno e externo do exército neste domínio.

Além disso, os inquiridos consideram que o exército envida muitos esforços para melhorar o nível tecnológico, mas que, em grande medida, fica para trás quando comparado com as normas internacionais.

Especificamente, tal como referido pelos inquiridos, todas as unidades no estrangeiro operam com base em padrões tecnológicos modernos, mas para que isso aconteça, os governos investem nesta área, ao contrário do Estado grego devido à crise económica e ao período de recessão que está a decorrer atualmente.

As Forças Armadas gregas fazem tudo o que podem com os recursos disponíveis, mas isso não é suficiente e, como afirmaram os inquiridos, é importante fazer alterações o mais rapidamente possível, porque, para que um exército moderno seja competitivo, deve ser reforçado não só com o ERP, mas também com soluções tecnológicas adicionais. De acordo com os inquiridos, o ERP no exército só é utilizado em combinação com o programa MRP e com programas simples diretamente relacionados com o funcionamento dos departamentos económicos, em primeiro lugar, e dos departamentos de aquisições.

Capítulo 5. Conclusões

Através da análise acima, fica evidenciado que um sistema ERP automatiza as principais actividades operacionais e partilha dados em tempo real, optimizando assim os recursos e reduzindo significativamente os custos operacionais de cada organização.

O presente estudo concluiu que programas como o ERP e outros programas relevantes e relacionados, como o MRP, podem reduzir significativamente os custos de produção, os investimentos em stocks e melhorar o desempenho dos produtos acabados em termos de entrega, uma vez que é responsável pelo planeamento da produção e montagem dos componentes individuais.

Todas estas aplicações tornaram-se hoje importantes e diretamente realizáveis em todo o sector privado e público, e também em organizações como as forças armadas.

Verificou-se também que os exércitos de todo o mundo estão a procurar implementar o ERP e a integrar mais amplamente as suas operações através da utilização de sistemas de TI e de sistemas como o ERP.

Através da utilização de vários programas informáticos, os exércitos procuram, por um lado, melhorar as suas operações internas e, por outro, conseguir um processo mais direto e mais eficaz de resolução de problemas e, de um modo mais geral, um processo de gestão de potenciais crises. A área que recebe pouca atenção é a da gestão dos seus recursos financeiros, humanos, operacionais e organizacionais.

Com base no que precede e na análise mais alargada, foi estabelecido que a tecnologia ERP é significativa nas operações do exército. É fundamental na conceção e implementação das estratégias para o sistema de gestão da cadeia de abastecimento e facilita o processo de consecução dos objectivos em termos de custos e lucros.

Através da análise teórica e prática do tema, torna-se claro que o ERP pode ajudar o exército a tornar-se mais competitivo com a utilização das recentes melhorias tecnológicas. Mas, para isso, são necessárias infra-estruturas e recursos adequados.

Através da parte teórica e prática do estudo, o objetivo do estudo foi abordado da melhor forma possível, uma vez que o ERP foi definido e, de um modo geral, foi explicada a sua importância, mais especificamente no que diz respeito ao exército e, em especial, ao exército grego. A conclusão é que, especialmente para o exército, este programa e outros semelhantes só podem produzir resultados positivos, trazendo melhorias em todas as áreas de funcionamento.

Os requisitos para o funcionamento correto e útil do ERP incluem mais recursos governamentais disponíveis e mais investimentos por parte do orçamento público. O exército grego deve utilizar o ERP durante a recessão a seu favor em termos de ajuda onde é necessário reduzir os custos e obter lucros.

Em termos de tomada de decisões, o exército grego tem muito a beneficiar de um sistema ERP quando aplicado corretamente. O software ERP, quando utilizado corretamente, pode poupar tempo, dinheiro e erros às unidades, evitando a tomada de más decisões que podem custar caro.

Esta situação pode ser evitada com o recrutamento de pessoal adequado para lidar com o ERP e também para conhecer os principais problemas, preocupações, vantagens e desvantagens das unidades. Além disso, o pessoal existente que lida com o sector do aprovisionamento, bem como os decisores, devem receber uma melhor formação sobre o programa ERP.

É evidente que, sem os conhecimentos e a formação adequados, qualquer programa ERP não produzirá os resultados esperados e não ajudará a agir proactivamente quando não for corretamente implementado. Isto requer uma gestão do tempo e dos recursos que, no entanto, resultará inevitavelmente na promoção de mudanças que contribuirão para uma melhor gestão e um bom funcionamento das operações.

Para concluir o presente estudo, devem ser feitas algumas *recomendações* com base na análise acima efectuada. Estas recomendações baseiam-se nos pontos de vista do autor e no estudo da literatura que foi efectuado durante o desenvolvimento desta investigação.

Atualmente, o exército deve abandonar o velho modelo burocrático e não funcional e avançar para o desenvolvimento de uma plataforma ERP única que possa ser aplicada em várias áreas operacionais dos três corpos das Forças Armadas gregas, tais como:

orçamento e finanças, monitorização do pessoal e das reservas, gestão de materiais, fornecimentos e munições, apoio técnico, retirada de materiais, gestão de controlo e sistemas de TI.

Para além disso, o ERP deve ser aplicado na gestão de materiais, nas necessidades operacionais do exército e na gestão dos recursos financeiros, humanos, tecnológicos e outros. Através deste processo, o exército grego tornar-se-á mais funcional, mais extrovertido, mais competitivo e mais estabelecido como um lugar para aceitar executivos notáveis que queiram trabalhar nos departamentos administrativos do exército, sendo mais funcional e mais eficaz.

Recomenda-se que o ERP seja aplicado nas fábricas militares, que se dedicam à produção de vestuário militar, calçado, material médico, acessórios, etc. Poderá ainda ser utilizado para efetuar trabalhos de manutenção, gestão dos sistemas de armamento, gestão de ficheiros, gestão de defeituosos, etc.

Recomenda-se mesmo que o exército grego combine a utilização do ERP com outros programas no desenvolvimento, na gestão, na organização e no desenvolvimento operacional do exército, uma perspetiva que poderá também tornar-se objeto de investigação futura. Os programas que podem ser propostos para serem implementados e combinados com o ERP podem incluir um sistema de armazém, cuja utilização se destinaria a uma melhor gestão dos armazéns e das matérias-primas, o que é considerado urgente e extremamente importante. É essencial que o exército possa, através destes sistemas, efetuar a gestão do inventário e da rede e, em geral, gerir as suas operações.

Outro programa que poderia ser utilizado é o sistema RFID, que poderia ser aplicado no manuseamento dos materiais militares R&R (Repair and Return) reparáveis que são enviados para o estrangeiro para os centros de reparação, uma vez que reduziria significativamente o tempo de manuseamento, permitindo o acompanhamento integral da evolução dos processos, desde a sua expedição até à entrega final.

Através dos processos acima referidos, o exército tornar-se-á definitivamente mais competitivo, mais eficaz e funcionará com os menores custos possíveis. No futuro, para além do seu papel básico como instrumento de proteção e segurança do país, o exército pode também representar uma organização capaz de contribuir financeira e tecnicamente para o desenvolvimento mais amplo da sociedade grega.

Por último, deve referir-se que, de todas as informações e recomendações acima referidas, é razoável concluir que há muito espaço para o desenvolvimento e a melhoria da gestão das operações das Forças Armadas gregas, através da implementação de um programa ERP e, de um modo mais geral, através da utilização de novas tecnologias.

Atualmente, o exército precisa de se modernizar e de ser reforçado e, mais amplamente, de ser reposicionado nos assuntos mundiais. Um exército moderno não deve basear-se apenas no seu bom desempenho em tempos de crise, mas também no seu bom desempenho em tempos de paz. A sua prontidão operacional e organizacional em tempo de paz proporcionará seguramente todas as condições para atingir a competitividade e tornar-se mais eficaz em tempos de crise. No futuro, considera-se necessário, como já foi referido, aprofundar a questão dos sistemas de TI e clarificar as suas aplicações no exército grego, bem como a sua eficácia em geral.

> "A guerra *é uma questão não tanto de armas como de dinheiro."*
>
> Tucídides, História da Guerra do Peloponeso.

Bibliografia

Aksoy, A., & Öztürk, N. (2011). Seleção de fornecedores e avaliação do desempenho em ambientes de produção just-in-time. Expert Systems with Applications, 38(5), 6351-6359.

Aslan, B., Stevenson, M., & Hendry, L. C. (2015). "A aplicabilidade e o impacto dos sistemas de planeamento de recursos empresariais (ERP): Resultados de um estudo de método misto em empresas Make-To-Order (MTO)". *Computadores na Indústria, 70,* 127143.

Autry, C. W., Griffis, S. E., Goldsby, T. J., & Bobbitt, L. M. (2005). Warehouse management systems: resource commitment, capabilities, and organizational performance. Journal of Business Logistics, 26(2), 165-183.

Church, G. J. (1990). NATO logistics handbook. Secretariado Internacional do SNLC, Divisão de Política e Planeamento de Defesa, Logística NATO HQ, 1110.

D'Avino, M., De Simone, V., & Schiraldi, M. M. (2014). MRP revisado para reduzir o nível de estoque e suavizar as liberações de pedidos: um caso na indústria de manufatura. *Planejamento e Controle da Produção, 25*(10), 814-820.

Dolgui, A., & Prodhon, C. (2007). Supply planning under uncertainties in MRP environments: *A state of the art. Annual Reviews in Control, 31(2),* 269-279.

Drexl, A., & Kimms, A. (2013). *"Além do planejamento de recursos de manufatura (MRP II): modelos e métodos avançados para planejamento de produção"*. Springer Science & Business Media.

Dyckhoff, H., Lackes, R., & Reese, J.(2013). *Gestão da cadeia de abastecimento e logística inversa.* Springer Science & Business Media.

Eddy, B., & Arnett, S. (2003). O sistema de codificação da NATO (NCS): uma ponte para o conhecimento logístico global. Battle Creek, MI, Estados Unidos.

Fawcett, S. E., Ellram, L. M., & Ogden, J. A. (2014). *"Gestão da cadeia de abastecimento: da visão à implementação".* Londres: Pearson.

Gkagiali, S. (2008), *"As tendências modernas no ciclo de vida dos sistemas ERP"*. NTUA.

Hamdan, A., & Rogers, K. J. (2008). Evaluating the efficiency of 3PL logistics operations (Avaliação da eficiência das operações logísticas 3PL). International Journal of Production Economics, 113(1), 235-244.

Hancock B., Windridge K. e Ockleford E. (2007) An introduction to qualitative research, Trend RDSU.

Harrison, A., & Van Hoek, R. I. (2008). Logistics management and strategy: competing through the supply chain. Pearson Education.

Hellstrom, D., & Nilsson, F. (2011). Inovação de embalagens orientada para a logística: um estudo de caso na IKEA. *International Journal of Retail & Distribution Management, 39*(9), 638-657.

Helo, P., & Szekely, B. (2005). Sistemas de informação logística: uma análise das soluções de software para a coordenação da cadeia de abastecimento. *Industrial Management & Data Systems, 105*(1), 5-18.

Hertz, S., & Alfredsson, M. (2003). Strategic development of third party logistics providers. *Industrial marketing management, 32(2),* 139-149.

Hossain, L., Patrik, J.D. e Rashid, M.A. (2002). *Enterprise Resource Planning: Global Opportunities & Challenges,* Estados Unidos da América: Idea Group Publishing

Iosifidis, Th. (2008) Qualitative Research Methods in Social Sciences, Publicações Kritiki.

Jacobs, F. R. (2007). Planeamento de recursos empresariais (ERP) - Uma breve história. *Journal of Operations Management, 25*(2), 357-363.

Koutsioukis, N. (2014). Sistemas de Planeamento de Recursos Empresariais (ERP) nas empresas e oportunidades de implementação nas Forças Armadas Gregas, com o desenvolvimento de sistemas de Planeamento de Necessidades Materiais (MRP) e Sistemas de Gestão de Armazéns (WMS), com o objetivo de otimizar a gestão da cadeia de abastecimento, *Interdisciplinary Review,* 30, pp. 58-59.

Lisa M., (2008). The Sage Encyclopedia of Qualitative Research Methods. Sage: Thousand Oaks, CA, Vol.2, pp.697-698.

Louly, M. A., Dolgui, A., & Hnaien, F. (2008). Optimal supply planning in MRP environments for assembly systems with random component procurement times. *International Journal of Production Research, 46*(19), 5441-5467.

Madapusi, A., & D'Souza, D. (2012). "A influência da implementação do sistema ERP no desempenho operacional de uma organização", *International Journal of Information Management, 32(1),* 24-34.

Miles, M. B., (1999) Qualitative data as an attractive nuisance: the problem of analysis, Administrative Science Quarterly 24, p.590-601.

Monden, Y. (2011). *Sistema Toyota de produção: uma abordagem integrada ao just-intime.* CRC Press.

NATO. (2015) Application ePortal, Disponível em: http://www.nspa.nato.int/en/news/news-20150205-9.htm.

NATO. (2015) Corporate Information System, Disponível em: http://www.nspa.nato.int/en/organization/resources/is.htmP-10-2015].

NATO. (2015) NDSS Support Services, Disponível em: http://www.nspa.nato.int/en/organization/logistics/LogServ/ndss.htm [2-10 2015].

Palys T., (2010), Qualitative Research, Simon Fraser University.

Patterson, K. A., Grimm, C. M., & Corsi, T. M. (2003). Adoção de novas tecnologias para a gestão da cadeia de abastecimento. Transportation Research Part E: Logistics and Transportation Review, 39(2), 95-121.

Peng, J. (2012). Seleção de fornecedores de serviços de outsourcing logístico com base no AHP. *Energy Procedia, 17,* 595-601.

Petrakis M., (2006), "The Writing of Dissertation Thesis", Stamoulis Publications.

Quinn, J., Doorley, T., & Paquette, P. (2013). Tecnologia em serviços: repensando o foco estratégico. *Sloan Management Review, inverno de 1990 Quinn Winter Sloan*

Management Review 1990.

Rachuri, S., Foufou, S., & Kemmerer, S. (2006). Análise das normas de gestão do ciclo de vida dos sistemas para o exército dos EUA - uma investigação preliminar. *Gaithersburg (MD 20899, EUA): NISTIR, 7339.*

Rantasila, K., & Ojala, L. (2012). Measurement of national-level logistics costs and performance. Documento de discussão do Fórum Internacional dos Transportes.

Sandberg, E., & Abrahamsson, M. (2011). Capacidades logísticas para uma vantagem competitiva sustentável. *International Journal of Logistics: research and applications, 14*(1), 61-75.

Sheikh, Z., & Rana, S. (2014). O papel dos prestadores de serviços logísticos na gestão do desempenho da cadeia de abastecimento: A comprehensive Literature Review. *Revista Internacional de Investigação Académica em Ciências Empresariais e Sociais, 4*(5), 608-613.

Simchi-Levi, D., Chen, X., & Bramel, J. (2013). *A lógica da logística: teoria, algoritmos e aplicações para a gestão logística.* Springer Science & Business Media.

Siskou G., (2003), Quality Marketing Methodology: market analysis, Universidade de Creta.

Sommer, R. (2011). "Implementação de ERP no sector público: envolver com sucesso a gestão intermédia". *Documento de investigação da Escola de Políticas Públicas da GMU,* (201121).

Srabotic, A., & Ruzzier, M. (2012). Logistics Outsourcing: Lessons from Case Studies. *Managing Global Transitions, 10*(2), 205-225.

Staehr, L., Shanks, G., & Seddon, P. B. (2012). "Uma estrutura explicativa para obter benefícios comerciais dos sistemas ERP". *Journal of the Association for Information Systems, 13*(6), 424-465.

Visser, E., Konrad, K., & Salden, R. (2004). Developing Fourth Party Services: Empirical Evidence on the Relevance of Dynamic Transaction-Cost Theory for Analyzing a Logistic System Innovation. In 44th European Regional Science

Association-ERSA 2004 Congress, Universidade do Porto, Porto, Portugal, agosto (pp. 25-28).

Wei, J., & Ma, Y. S. (2014). Projeto de um módulo de aceitação e programação de pedidos baseado em recursos em um sistema ERP. *Computadores na Indústria, 65(1),* 64-78.

Win, A. (2008). O valor que um fornecedor 4PL pode contribuir para uma organização. International Journal of Physical Distribution & Logistics Management, 38(9), 674-684.

Apêndices

Apêndice 1: Questionário qualitativo

1. A utilização do programa ERP é obrigatória ou facultativa; justifique a sua resposta.
2. A implementação do sistema ERP ajuda no processo de tomada de decisões; justifique as formas de o conseguir.
3. O ERP contribui para o envolvimento do utilizador no processo de tomada de decisões?
4. É rentável para a vossa unidade utilizar o ERP e de que forma?
5. Que acções do Exército consideraram que o ERP pode ser aplicado e porquê?
6. Quais são os processos educativos anteriores à implementação do ERP na unidade que serve?
7. Numere as áreas de aplicação do ERP e faça referência aos potenciais problemas com que se depara.
8. Quais são as vantagens e desvantagens da implementação do ERP?
9. Considera que o pessoal administrativo do exército possui os conhecimentos adequados para utilizar um programa ERP?
10. Considera que o ERP tem um efeito positivo e de que forma nos abastecimentos do exército?
11. Considera que o ERP tem um efeito positivo e de que forma na formação e desenvolvimento dos recursos humanos?
12. Avaliar o desenvolvimento tecnológico do exército - Quais são os problemas, o que é que considera necessário mudar?
13. A utilização do ERP no exército grego é diferente da dos exércitos estrangeiros?
14. Que outras aplicações são utilizadas em combinação com o ERP no exército?
15. Quais são os problemas (caso existam) que enfrenta com o atual sistema ERP que utiliza?

16. Quais são os complementos e as funcionalidades adicionais que, idealmente, necessitaria do sistema ERP?

Apêndice 2: Objectivos Just In Time (JIT) (7 zeros)

Os objectivos do JIT podem ser resumidos em "7 zeros", que são os seguintes (Aksoy & Öztürk, 2011)

1. Zero defeitos produzidos: Num ambiente sem stocks desnecessários, qualquer artigo defeituoso provoca um atraso na etapa seguinte (posto de trabalho) do processo de produção. Por conseguinte, cada tipo deve ser produzido desde o início.

2. Zero quantidades desnecessárias: Num sistema JIT, um posto de trabalho destinado a repor o stock consome quase todo o processo de um posto de trabalho. Uma vez que as estações de trabalho seguintes podem necessitar de uma diversidade de espécies, é necessário responder ao máximo às suas necessidades. Isto significa produzir exatamente as quantidades necessárias em vez de grandes lotes

3. Tempo de preparação zero Com base neste objetivo, o sistema produzirá pequenos lotes e requererá, portanto, mudanças frequentes (setups). Neste ambiente, é essencial que cada mudança de tempo de preparação seja muito curta, de modo a não desperdiçar uma capacidade valiosa.

4. Zero falhas de equipamento: Devido ao stock limitado de produtos em curso (inventário de trabalho em processo), não é tolerada qualquer falha de equipamento que conduza a períodos de inatividade.

5. Manuseamento zero de material: O fabrico de artigos apenas nas quantidades necessárias minimiza a necessidade de manuseamento de materiais intermédios fabricados e provenientes do armazém, utilizados na etapa seguinte do processo de produção.

6. Tempo de espera zero: Num ambiente ideal, os requisitos JIT de uma estação de trabalho cumprem a estação de trabalho anterior para processar quase imediatamente (ou seja, pouco ou nenhum tempo de espera). Este facto também contribui para a necessidade de produção em pequenos lotes.

7. Zero picos: Para apoiar o bom andamento do processo de produção é necessário um programa de produção sem picos específicos. Em caso de picos elevados, quando há excesso de capacidade, o sistema não é capaz de responder, o que leva a atrasos e férias.

Apêndice 3: Passos para suavizar os períodos de picos de MPS

Os picos nos períodos de um MPS suavizado baseiam-se em dois passos simples (Aksoy & Öztürk, 2011): (a) suavização das necessidades em subconjuntos curtos e (b) desenvolvimento de uma sequência de produção uniforme.

O primeiro passo é efectuado dividindo as necessidades de um período de MPS proporcionalmente aos subprodutos dessa divisão. Por exemplo, suponhamos que o MTO identificou a produção de 2000 unidades dentro do período selecionado, isto implica uma produção diária de 2000: 5 = 400 unidades (se a semana for constituída por cinco dias úteis) produção de 200 unidades por turno (assumindo dois turnos por dia) 25 unidades por hora (8 horas por turno) e 25/60 = 0,417 unidades por minuto. Naturalmente, a produção pode variar de minuto a minuto com uma distribuição limitada em torno da média desejada. Mas se o valor médio não for atingido, então este facto deve ser corrigido

O segundo passo requer a transformação da produção diária numa sequência de produção do dia baseada nas proporções de MPS nos produtos acabados. Se, por exemplo, a produção semanal de 2000 unidades corresponder a um rácio de quantidades dos produtos A e B de 3: 1, então a próxima produção será de 300 unidades A e 100 unidades B e a sequência correspondente será A - A - A - B - A - A - A - B. Obviamente, estas mudanças frequentes requerem estações de trabalho e combinações de produtos correspondentes a tempos mínimos de preparação.

Printed by Books on Demand GmbH, Norderstedt / Germany